Andreas Dümpert

Mit Gott mehrmals täglich in
Kontakt bleiben
Psalmverse für 60 Tage

Impressum:
Andreas Dümpert
Beratungspraxis Eching
Geschwister-Scholl-Str. 3G
85386 Eching

info@beratungspraxis-eching.de
www.beratungspraxis-eching.de

1. Auflage 2020

Herstellung und Verlag: BoD - Books on
Demand, Norderstedt
ISBN: 978-3-7526-2820-3

Vorwort

Liebe Brüder und Schwestern,

zuallererst möchte ich mich bei Dir bedanken, dass Du das Buch erworben hast.

Ich hoffe sehr, dass Dir dieses Buch dabei hilft, neben Deiner stillen Zeit, mit Gott mehrmals täglich in Kontakt zu treten.

Mit diesem Buch werde ich dich 60 Tage lang begleiten. Danach wirst Du in der Lage sein, selbstständig und mit Gottes Hilfe Psalmverse zu finden. Bleib auch nach den 60 Tagen dabei. Du wirst merken, wie sich Deine Beziehung zu Gott positiv verändert. Das Buch ist nur der Anstoß in die richtige Richtung.

Wenn Du das Buch als eBook liest, dann nutze eine App wie zum Beispiel Notizbuch, um die Zeitpunkte dort zu vermerken.

Egal ob Du erst seit kurzem an Gott glaubst oder schon sehr lange, dieses Buch ist für jeden geeignet.

Gerne kannst Du mir Deine Erfahrungen und Erlebnisse, die Du mit dem Buch gemacht hast, zusenden. Ich würde mich darüber sehr freuen.

Ich wünsche Dir Gottes Segen.

Dein

Andreas

Über den Autor

Andreas Dümpert

- Jahrgang 82
- freiberuflicher Berater und Dozent für verschiedene Auftraggeber
- Leitung einer eigenen Beratungspraxis, sowie regelmäßig Erweiterung des Angebots
- Langjährige Berufserfahrung im Verwaltungsbereich und einjährige Führungserfahrung
- Lebens- und Sozialberatung (Therapeutisch Beratender Seelsorger)
- Demenz-Berater
- MPU-Berater
- Lizenz zur Auswertung des Persönlichkeitsstrukturtestes PST-R, Institut für praktische Psychologie
- Leitung und Gestaltung des YouTube-Kanals echingtv mit Glaubensimpulse, Bibelvers für den Tag, Vlogs, Let´s Plays u. v. m.
- Mitglied im Bundesverband Deutscher Pressefotografen
- seit Mitte August 2019 in der Pfingstgemeinde München, Gottesdienste sonntags um 16 Uhr im Star Inn Unterschleißheim am Rathausplatz.

Ich verwende in meinem Alltag, die folgenden Bibeln:

NeÜ bibel.heute https://amzn.to/31W1enN und STAMPS STUDIENBIBEL https://amzn.to/2Vfcc3y

In diesem Buch verwende ich die Bibel NeÜ bibel.heute. Sollte ich eine andere Übersetzung verwenden, dann werde ich diese beim Vers erwähnen. Die gleiche Bibelstelle kann mehrmals im Buch vorkommen.

Ich verwende in diesem Buch die DU-Form.

Schau mal bei unserem YouTube-Kanal echingtv vorbei. Dort gibt es regelmäßig Glaubensimpulse, Bibelvers für den Tag und vieles mehr.

Einführung

Eine halbe Stunde „Stille Zeit" am Morgen ist zu ungenügend

Viele Christen legen Wert auf eine morgendliche „Stille Zeit". Oft führt das aber nur dazu, dass man seinen Tag unbemerkt unterteilt in eine fromme Phase am Morgen, während der Rest des Tages „weltlich" verbracht wird.

Daher leuchtet die Idee der frühen Christen ein, sich im harten Alltag zu bestimmten Uhrzeiten kleine Gebetsinseln einzurichten.

Dort unterbreche ich meine Aktivität für einige Minuten, um mich wieder auf Gott auszurichten bzw. mich von ihm inspirieren und stärken zu lassen.

Warum? Für wen ist die Übung besonders geeignet?

- Für Christen, die frustriert feststellen, dass sie eine längere „Stille Zeit" am Morgen entweder organisatorisch nicht hinbekommen oder während dieser Zeit ständig weg dösen. Oder die merken, dass sie ihre Tage in einen kurzen „frommen" und einen langen „weltlichen" Zeitabschnitt unterteilen – wobei der weltliche meist völlig unberührt vom Frommen bleibt

- Wenn der Versuch, während der Arbeit mal mit Gott zu reden, scheitert, weil einem kein Gesprächsthema einfällt bzw. man sich nicht konzentrieren kann
- Für Personen, die auf die Frage, wann sie das letzte Mal Gottes Reden erlebt haben, lange überlegen müssen...
- Wer den Eindruck hat, dass er / sie an den Herausforderungen seines / ihres Lebens nicht wächst, sondern eher scheitert
- Wem oft der Mut / Glauben fehlt zur Fürbitte, oder die Worte ausgehen
- Wer realisiert, dass er/sie sich gegenüber Gott verhält, wie ein Patient, der zum Arzt geht, und diesem eine Stunde lang pausenlos vorjammert, wo es ihm wehtut. – und dann abrupt geht, bevor der Arzt eine Diagnose mitteilen bzw. eine Behandlung beginnen kann...
- Wer sich nach innerer Heilung sehnt: Alte wunde Stellen treffen immer wieder ins

Mark: alte Ängste, mangelndes Selbstwertgefühl, Sorgen, Ohnmachtsgefühle etc.

- Wer Gottes Reden im Alltag regelmäßig erleben möchte

Lieber weniger lesen, aber mit vielen Wiederholungen

„Die Bibel ist mehr tief als breit": Einen (kurzen) Text immer wieder zu lesen und auf sich wirken zu lassen, nennt man „meditieren". Wenn man Bibel einmal nicht kapitelweise liest, sondern einen kurzen Abschnitt länger meditiert, macht man oft die Erfahrung, dass man ungeahnt ganz neue Erkenntnisse daraus gewinnt. In der heutigen Zeit der Reizüberflutung ist es m.E. eine ganz wichtige Entdeckung, dass Wiederholungen von wenig Text helfen, biblische Inspirationen tief zu verinnerlichen.

Ablauf

- Drei bis sieben Zeitpunkte am Tag auswählen, in denen ich meine

Alltagsaktivitäten bzw. Arbeit für einige Minuten unterbreche (hilfreich: mittels Stundenplan-App erinnern lassen)

- Bewusst wahrnehmen: Ich bin hier, Gott ist hier und will mit mir interagieren. Ich setze mich dem aus, indem ich ungefähr 6 Psalmverse mit ihm lese und bete
- Ich lese einen Psalm pro Tag, mehrmals am Tag: Ich lese Vers für Vers; während ich die Worte auf mich wirken lasse, nehme sie in mir auf (= meditieren). Ich mache die Worte zum eigenen Gebet, wenn auch manchmal im übertragenen Sinne
- Immer wenn ich realisiere, dass ich gedanklich abgeschweift bin, kehre ich wieder zum Text zurück

Mit diesem Buch möchte ich dich in diese Methode einführen und unterstützen. Am Ende des Buches wird die Methode verinnerlicht sein, dass Du danach ohne meine Hilfe weitermachen kannst.

Tag 1
Psalm 104,1-6

Auf, meine Seele, preise Jahwe! / Jahwe, mein Gott, du bist sehr groß, / bekleidet mit Hoheit und Pracht.

Du, der das Licht wie ein Tuch um sich schlingt, / den Himmel wie ein Zeltdach ausspannt;

der sich aus Wasser seine Kammern baut; / der Wolken zu seinen Wagen macht / und schwebt auf den Schwingen des Sturms;

der die Winde zu seinen Boten macht, / loderndes Feuer zu seinen Gehilfen.

Er hat die Erde auf Fundamente gegründet, / bis in Ewigkeit kommt sie niemals ins Wanken.

Die Flut bedeckte sie wie ein Kleid, / das Wasser stand über den Bergen.

Trage die Uhrzeit ein, wann Du die Verse gelesen hast: Du musst am Anfang nicht die siebenmal schaffen. Fang mit drei Zeitpunkte an.

1. Zeitpunkt: _____

2. Zeitpunkt: _____

3. Zeitpunkt: _____

4. Zeitpunkt: _____

5. Zeitpunkt: _____

6. Zeitpunkt: _____

7. Zeitpunkt: _____

Wie ging es Dir dabei, den Vers mehrmals zu lesen? Hast Du heute was besonders mit dem Herrn erlebt?

_____

_____

_____

Tag 2
Psalm 104,7-12

Vor deiner Zurechtweisung musste es fliehen, /
deine Donnerstimme trieb es fort.
Da hoben sich die Berge, die Täler senkten sich /
an den Ort, den du für sie bestimmt hast.
Du hast dem Wasser Grenzen gesetzt, / es darf
sie nie überschreiten, / nie wieder wird es die
Erde bedecken.
Du lässt Quellen entspringen, sie werden zu
Bächen, / zwischen den Bergen fließen sie hin.
Wilde Tiere trinken aus ihnen, / die Wildesel
löschen dort ihren Durst.
An diesen Bächen wohnen die Vögel, / aus
dichtem Laub ertönt ihr Gesang.

Trage die Uhrzeit ein, wann Du die Verse
gelesen hast: Du musst am Anfang nicht die
siebenmal schaffen. Fang mit drei Zeitpunkte an.

1. Zeitpunkt: _____

2. Zeitpunkt: _____

3. Zeitpunkt: _____

4. Zeitpunkt:_____

5. Zeitpunkt:_____

6. Zeitpunkt:_____

7. Zeitpunkt:_____

Wie ging es Dir dabei, den Vers mehrmals zu lesen? Hast Du heute was besonders mit dem Herrn erlebt?

_____

_____

_____

Tag 3
Psalm 104,13-18

Du tränkst die Berge aus deinen Kammern, / durch dein Wirken wird die Erde satt.
Gras lässt du sprossen für das Vieh, / Pflanzen für die Arbeit des Menschen. / So zieht er Nahrung aus der Erde
und Wein, der den Menschen erfreut, / Öl, mit dem er seinen Körper pflegt, / und Brot, mit dem er sich stärkt.
Gesättigt werden die Bäume Jahwes, / die von ihm gepflanzten Libanonzedern.
In ihnen nisten die Vögel. / Der Storch hat sein Haus in Zypressen.
Die hohen Berge gehören dem Steinbock, / dem Klippdachs bieten die Felsen Schutz.

Trage die Uhrzeit ein, wann Du die Verse gelesen hast: Du musst am Anfang nicht die siebenmal schaffen. Fang mit drei Zeitpunkte an.

1. Zeitpunkt: _____

2. Zeitpunkt: _____

3. Zeitpunkt: _____

4. Zeitpunkt: _____

5. Zeitpunkt: _____

6. Zeitpunkt: _____

7. Zeitpunkt: _____

Wie ging es Dir dabei, den Vers mehrmals zu lesen? Hast Du heute was besonders mit dem Herrn erlebt?

_____

_____

_____

Tag 4
Psalm 104,19-24

Er hat den Mond gemacht, um Zeiten zu
bestimmen, / die Sonne, die ihren Untergang
kennt.
Du lässt die Dunkelheit kommen, und es wird
Nacht; / da regen sich alle Tiere im Wald.
Die Junglöwen brüllen nach Beute, / sie fordern
ihre Speise von Gott.
Geht die Sonne auf, ziehen sie sich zurück / und
suchen im Versteck ihr Lager.
Dann geht der Mensch an seine Arbeit / und tut
seine Pflicht bis zum Abend.
Wie zahlreich sind deine Werke, Jahwe! / Du
hast sie alle mit Weisheit gemacht. / Von deinen
Geschöpfen ist die Erde erfüllt.

Trage die Uhrzeit ein, wann Du die Verse
gelesen hast: Du musst am Anfang nicht die
siebenmal schaffen. Fang mit drei Zeitpunkte an.

1. Zeitpunkt: _____

2. Zeitpunkt: _____

3. Zeitpunkt: _____

4. Zeitpunkt: _____

5. Zeitpunkt: _____

6. Zeitpunkt: _____

7. Zeitpunkt: _____

Wie ging es Dir dabei, den Vers mehrmals zu lesen? Hast Du heute was besonders mit dem Herrn erlebt?

_____

_____

_____

Tag 5
Psalm 104,25-30

Da ist das Meer, groß und weit nach allen Seiten
hin; / da wimmelt es von Leben, groß und klein
und ohne Zahl.
Da ziehen Schiffe ihre Bahn, / auch der Leviatan,
der Riesenfisch, / den du gebildet hast, um mit
ihm zu spielen.
Sie alle, sie warten auf dich, / dass du ihnen ihre
Speise gibst zur richtigen Zeit.
Du gibst ihnen, und sie sammeln sie ein. / Du
öffnest deine Hand: Sie werden an guten Dingen
satt.
Du verbirgst dein Gesicht: Sie werden verstört. /
Du entziehst ihren Atem: Sie vergehen / und
werden wieder zu Staub.
Du sendest deinen Lebensgeist: Sie werden
geschaffen. / Du erneuerst das Gesicht der Erde.

Trage die Uhrzeit ein, wann Du die Verse
gelesen hast: Du musst am Anfang nicht die
siebenmal schaffen. Fang mit drei Zeitpunkte an.

1. Zeitpunkt: _____

2. Zeitpunkt:_____

3. Zeitpunkt:_____

4. Zeitpunkt:_____

5. Zeitpunkt:_____

6. Zeitpunkt:_____

7. Zeitpunkt:_____

Wie ging es Dir dabei, den Vers mehrmals zu lesen? Hast Du heute was besonders mit dem Herrn erlebt?

_____

_____

_____

Tag 6
Psalm 104,31-35

Die Herrlichkeit Jahwes bleibe ewig! / Jahwe
freue sich an seinen Werken!
Blickt er die Erde an, bebt sie; / berührt er die
Berge, speien sie Rauch.
Mein Leben lang will ich Jahwe besingen, / will
meinem Gott spielen, so lange ich bin.
Möge ihm gefallen, was ich ersinne, / denn ich
selbst freue mich an Jahwe!
Mögen die Sünder von der Erde verschwinden /
und die Gottlosen nicht mehr sein! / Auf, meine
Seele, preise Jahwe! / Halleluja

Trage die Uhrzeit ein, wann Du die Verse
gelesen hast: Du musst am Anfang nicht die
siebenmal schaffen. Fang mit drei Zeitpunkte an.

1. Zeitpunkt: _____

2. Zeitpunkt: _____

3. Zeitpunkt: _____

4. Zeitpunkt: _____

5. Zeitpunkt:_____

6. Zeitpunkt:_____

7. Zeitpunkt:_____

Wie ging es Dir dabei, den Vers mehrmals zu lesen? Hast Du heute was besonders mit dem Herrn erlebt?

_____

_____

_____

Tag 7
Psalm 91,1-5

Wer unter dem Schutz des Höchsten bleibt, /
unter dem Schatten des Allmächtigen wohnt,
der sagt zu Jahwe: / "Meine Zuflucht und meine
Burg, / mein Gott, auf den ich vertraue."
Er bewahrt dich vor den Fallen, die man dir
stellt, / vor der verderblichen Pest.
Mit seinen Schwingen behütet er dich, / unter
seinen Flügeln findest du Schutz. / Seine Treue
ist Schutzwehr und Schild.
Du musst dich nicht fürchten vor dem Schrecken
der Nacht, / dem Pfeil, der dir am Tag
entgegenfliegt,

Trage die Uhrzeit ein, wann Du die Verse
gelesen hast: Du musst am Anfang nicht die
siebenmal schaffen. Fang mit drei Zeitpunkte an.

1. Zeitpunkt: _____

2. Zeitpunkt: _____

3. Zeitpunkt: _____

4. Zeitpunkt: _____

5. Zeitpunkt: _____

6. Zeitpunkt: _____

7. Zeitpunkt: _____

Wie ging es Dir dabei, den Vers mehrmals zu lesen? Hast Du heute was besonders mit dem Herrn erlebt?

_____

_____

_____

Tag 8
Psalm 91,6-10

der Seuche, die durchs Dunkel schleicht, / dem
Fieber, das am Mittag glüht.
Auch wenn tausend neben dir fallen, /
zehntausend rings um dich her, / zu dir wird es
nicht kommen.
Du siehst es noch mit eigenen Augen, / wie er es
den Gottlosen heimzahlt.
"Ja, du Jahwe, bist meine Zuflucht!" / Den
Höchsten hast du zu deiner Schutzwehr
gemacht.
Darum wird dir nichts Böses geschehen / und
kein Unheil kommt in dein Haus.

Trage die Uhrzeit ein, wann Du die Verse
gelesen hast: Du musst am Anfang nicht die
siebenmal schaffen. Fang mit drei Zeitpunkte an.

1. Zeitpunkt: _____

2. Zeitpunkt: _____

3. Zeitpunkt: _____

4. Zeitpunkt:_____

5. Zeitpunkt:_____

6. Zeitpunkt:_____

7. Zeitpunkt:_____

Wie ging es Dir dabei, den Vers mehrmals zu lesen? Hast Du heute was besonders mit dem Herrn erlebt?

_____

_____

_____

Tag 9
Psalm 91,11-16

Denn er schickt seine Engel für dich aus, / um dich zu beschützen, wohin du auch gehst.
Sie werden dich auf Händen tragen, / dass dein Fuß sich an keinem Stein stößt.
Über Löwen und Kobras wirst du schreiten, / Junglöwen und Schlangen zertreten.
"Weil er an mir hängt, will ich ihn retten! / Weil er mich anerkennt, schütze ich ihn.
Wenn er mich ruft, antworte ich. / Wenn er in Not ist, steh ich ihm bei, / ich hol ihn heraus und verschaffe ihm Ehre.
Ich gebe ihm ein langes und erfülltes Leben / und zeige ihm mein Heil."

Trage die Uhrzeit ein, wann Du die Verse gelesen hast: Du musst am Anfang nicht die siebenmal schaffen. Fang mit drei Zeitpunkte an.

1. Zeitpunkt: _____

2. Zeitpunkt: _____

3. Zeitpunkt: _____

4. Zeitpunkt:_____

5. Zeitpunkt:_____

6. Zeitpunkt:_____

7. Zeitpunkt:_____

Wie ging es Dir dabei, den Vers mehrmals zu lesen? Hast Du heute was besonders mit dem Herrn erlebt?

_____

_____

_____

Tag 10
Psalm 22,1-6

Dem Chorleiter. Nach "Hirschkuh in der Morgenröte". Ein Psalmlied von David.
Mein Gott, mein Gott! / Warum hast du mich verlassen? / Warum bist du so weit weg? / Du hörst mein Schreien nicht!
Mein Gott, ich rufe am Tag, / doch du antwortest nicht, / ich rufe bei Nacht / und finde nicht Ruh!
O Heiliger du, / der in Israels Lobliedern wohnt! Unsere Väter vertrauten auf dich, / sie vertrauten, / und du hast sie befreit.
Sie schrien zu dir, / haben Rettung gefunden; / sie vertrauten auf dich, / wurden niemals enttäuscht.

Trage die Uhrzeit ein, wann Du die Verse gelesen hast: Du musst am Anfang nicht die siebenmal schaffen. Versuche ab jetzt auf vier Zeitabschnitte zu kommen.

1. Zeitpunkt: _____

2. Zeitpunkt: _____

3. Zeitpunkt: _____

4. Zeitpunkt: _____

5. Zeitpunkt: _____

6. Zeitpunkt: _____

7. Zeitpunkt: _____

Wie ging es Dir dabei, den Vers mehrmals zu lesen? Hast Du heute was besonders mit dem Herrn erlebt?

_____

_____

_____

Tag 11
Psalm 22,7-12

Aber ich bin ein Wurm und kein Mann, / ein
Spott der Leute, / verachtet vom Volk.
Die mich sehen, / die spotten über mich, /
verziehen die Lippen, / schütteln den Kopf.
"Er vertraute Jahwe, / der mag ihn jetzt retten, /
er hat ja Gefallen an ihm!"
0Aus dem Mutterschoß hast du mich gezogen, /
an der Brust meiner Mutter mich Vertrauen
gelehrt.
Du bist mein Schutz, seit mein Leben begann, /
und mein Gott, von meiner Mutter Leib an.
Sei mir nicht fern in meiner Not! / Nur Angst ist
bei mir, / kein Retter ist nah.

Trage die Uhrzeit ein, wann Du die Verse
gelesen hast: Du musst am Anfang nicht die
siebenmal schaffen. Versuche ab jetzt auf vier
Zeitabschnitte zu kommen.

1. Zeitpunkt: _____

2. Zeitpunkt: _____

3. Zeitpunkt: _____

4. Zeitpunkt: _____

5. Zeitpunkt: _____

6. Zeitpunkt: _____

7. Zeitpunkt: _____

Wie ging es Dir dabei, den Vers mehrmals zu lesen? Hast Du heute was besonders mit dem Herrn erlebt?

_____

_____

_____

Tag 12
Psalm 22,13-18

Gewaltige Stiere kreisen mich ein, / von Büffeln aus Baschan bin ich bedrängt.
Sie reißen die Mäuler gegen mich auf; / raubgierige Löwen brüllen mich an.
Ich zerlaufe wie Wasser auf trockener Erde, / auseinandergerissen scheint all mein Gebein, / mein Herz schmilzt wie Wachs, / zerfließt in meinen Gedärmen.
Meine Kraft ist vertrocknet, / dürr wie ein Scherben. / Meine Zunge klebt, / am Gaumen haftet sie fest. In den Staub des Todes hast du mich gelegt,
denn mich umlauert die Meute der Hunde. / Übles Gesindel hat mich umringt / und hat mir Hände und Füße durchbohrt.
All meine Knochen könnte ich zählen. / Sie stehen dabei und gaffen mich an.

Trage die Uhrzeit ein, wann Du die Verse gelesen hast: Du musst am Anfang nicht die siebenmal schaffen. Versuche ab jetzt auf vier Zeitabschnitte zu kommen.

1. Zeitpunkt: _____

2. Zeitpunkt: _____

3. Zeitpunkt: _____

4. Zeitpunkt: _____

5. Zeitpunkt: _____

6. Zeitpunkt: _____

7. Zeitpunkt: _____

Wie ging es Dir dabei, den Vers mehrmals zu lesen? Hast Du heute was besonders mit dem Herrn erlebt?

_____

_____

_____

Tag 13
Psalm 22,19-24

Meine Kleider teilen sie unter sich auf, / und mein Gewand verfällt ihrem Los.
O Jahwe, du, / bleib mir nicht fern! / Du, meine Stärke, / hilf mir ganz schnell!
Rette mich vor dem Schwert meiner Feinde, / mein Leben aus der Gewalt dieser Hunde.
Reiß mich aus dem Rachen des Löwen, / von den Hörnern der Büffel ziehe mich weg.
Ich will deinen Namen den Brüdern verkünden. / Vor der ganzen Gemeinde preise ich dich!
Lobt Jahwe, alle, die ihr ihn fürchtet! / Ihr Nachkommen Jakobs, bringt ihm das Lob! / Israels Enkel, erschauert vor ihm!

Trage die Uhrzeit ein, wann Du die Verse gelesen hast: Du musst am Anfang nicht die siebenmal schaffen. Versuche ab jetzt auf vier Zeitabschnitte zu kommen.

1. Zeitpunkt: _____

2. Zeitpunkt: _____

3. Zeitpunkt:_____

4. Zeitpunkt:_____

5. Zeitpunkt:_____

6. Zeitpunkt:_____

7. Zeitpunkt:_____

Wie ging es Dir dabei, den Vers mehrmals zu lesen? Hast Du heute was besonders mit dem Herrn erlebt?

_____

_____

_____

Tag 14
Psalm 22,25-28

Er hat nicht verachtet, / nicht verschmäht den
Gebeugten, / hat sein Gesicht nicht abgewandt,
/ hat seinen Hilfeschrei gehört.
Dir gilt mein Lob in der großen Gemeinde. /
Meine Versprechen, die löse ich ein. / Und die,
die ihn fürchten, sehen mir zu.
Die sich vor ihm beugen, die essen sich satt. /
Die ihn suchen, die loben Jahwe. / Für immer
lebe euer Herz auf!
Es werden dran denken die Enden der Erde, / zu
Jahwe sich kehren die Völker der Welt / und sich
beugen vor ihm.

Trage die Uhrzeit ein, wann Du die Verse
gelesen hast: Du musst am Anfang nicht die
siebenmal schaffen. Versuche ab jetzt auf vier
Zeitabschnitte zu kommen.

1. Zeitpunkt: _____

2. Zeitpunkt: _____

3. Zeitpunkt: _____

4. Zeitpunkt:_____

5. Zeitpunkt:_____

6. Zeitpunkt:_____

7. Zeitpunkt:_____

Wie ging es Dir dabei, den Vers mehrmals zu lesen? Hast Du heute was besonders mit dem Herrn erlebt?

_____

_____

_____

Tag 15
Psalm 22,29-32

Denn Jahwe ist König, / er beherrscht jedes Volk.
Dann beugen sich nieder alle Reichen der Erde, /
dann knien vor ihm, die zum Staub hinabfuhren,
/ und jeder, der sich nicht selbst am Leben
erhält.
Ein neues Geschlecht darf ihm nun dienen, /
erzählen vom Herrn dem künftigen Stamm.
Sie werden kommen und seine Gerechtigkeit
schildern / dem Volk, das noch geboren wird, /
denn er hat es vollbracht.

Trage die Uhrzeit ein, wann Du die Verse
gelesen hast: Du musst am Anfang nicht die
siebenmal schaffen. Versuche ab jetzt auf vier
Zeitabschnitte zu kommen.

1. Zeitpunkt: _____

2. Zeitpunkt: _____

3. Zeitpunkt: _____

4. Zeitpunkt: _____

5. Zeitpunkt: _____

6. Zeitpunkt: _____

7. Zeitpunkt: _____

Wie ging es Dir dabei, den Vers mehrmals zu lesen? Hast Du heute was besonders mit dem Herrn erlebt?

_____

_____

_____

Tag 16
Psalm 23,1-6

Ein Psalmlied von David.Jahwe ist mein Hirt, / mir fehlt es an nichts.
Auf grüner Weide lässt er mich ruhen, / am stillen Wasser gibt er mir Rast.
Er schenkt mir wieder neue Kraft. / Und weil es um seinen Namen geht, / führt er mich auf dem richtigen Pfad.
Selbst wenn ich durch die finstere Schlucht muss, / überfällt mich keine Angst, / denn du bist bei mir. / Dein Wehrstock und dein Hirtenstab, / die machen mir Mut.
Meine Feinde vor Augen / deckst du mir den Tisch, / nimmst mich als Gast herzlich auf / und schenkst mir den Becher voll ein.
Ja, Güte und Liebe verfolgen mich jeden Tag / und ich kehre für immer ins Haus Jahwes zurück.

Trage die Uhrzeit ein, wann Du die Verse gelesen hast: Du musst am Anfang nicht die siebenmal schaffen. Versuche ab jetzt auf vier Zeitabschnitte zu kommen.

1. Zeitpunkt: _____

2. Zeitpunkt: _____

3. Zeitpunkt: _____

4. Zeitpunkt: _____

5. Zeitpunkt: _____

6. Zeitpunkt: _____

7. Zeitpunkt: _____

Wie ging es Dir dabei, den Vers mehrmals zu lesen? Hast Du heute was besonders mit dem Herrn erlebt?

_____

_____

_____

Tag 17
Psalm 130,1-8

Ein Lied für den Aufstieg zum Tempel. Aus der Tiefe rief ich dich, Jahwe.

Herr, höre mich doch! / Sei bitte nicht taub für mein Flehen!
Wenn du Vergehen anrechnen wolltest, / Jah, mein Herr, wer könnte bestehen?
Doch bei dir ist Vergebung, / damit man Ehrfurcht vor dir hat.
Ich hoffe auf Jahwe, / alles in mir hofft. / Und ich warte auf sein Wort.
Ich warte auf den Herrn / mehr als die Wächter auf den Morgen, / mehr als die Wächter auf den Morgen.
Israel, hoff auf Jahwe! / Denn bei Jahwe ist Gnade / und Erlösung in Fülle.
Ja, er wird Israel erlösen / von allen seinen Vergehen.

Trage die Uhrzeit ein, wann Du die Verse gelesen hast: Du musst am Anfang nicht die siebenmal schaffen. Versuche ab jetzt auf vier Zeitabschnitte zu kommen.

1. Zeitpunkt: _____

2. Zeitpunkt: _____

3. Zeitpunkt: _____

4. Zeitpunkt: _____

5. Zeitpunkt: _____

6. Zeitpunkt: _____

7. Zeitpunkt: _____

Wie ging es Dir dabei, den Vers mehrmals zu lesen? Hast Du heute was besonders mit dem Herrn erlebt?

_____

_____

_____

Tag 18
Psalm 8,1-5

Dem Chorleiter. Nach der Weise der Keltertreter. Ein Psalmlied von David.
Jahwe, unser Herrscher, / wie gewaltig ist dein Name überall auf der Welt! / Über dem Himmel breitest du deine Hoheit aus.
Aus dem Mund der Kinder und Säuglinge schaffst du dir Lob. / Du hast ein Bollwerk gebaut deinen Bedrängern zum Trotz. / Schweigen muss der rachgierige Feind.
Sooft ich den Himmel ansehe, das Werk deiner Hand, / den Mond und die Sterne, die du gemacht hast:
Was ist ein Mensch, dass du an ihn denkst, / ein Menschenkind, dass du es versorgst?

Trage die Uhrzeit ein, wann Du die Verse gelesen hast: Du musst am Anfang nicht die siebenmal schaffen. Versuche ab jetzt auf vier Zeitabschnitte zu kommen.

1. Zeitpunkt: _____

2. Zeitpunkt: _____

3. Zeitpunkt: _____

4. Zeitpunkt: _____

5. Zeitpunkt: _____

6. Zeitpunkt: _____

7. Zeitpunkt: _____

Wie ging es Dir dabei, den Vers mehrmals zu lesen? Hast Du heute was besonders mit dem Herrn erlebt?

_____

_____

_____

Tag 19
Psalm 8,6-10

Du hast ihn nur kurz unter die Engel gestellt /
und krönst ihn mit Ehre und Pracht.
Du lässt ihn herrschen über alles, / was deine
Hände gemacht:
über Schafe und Rinder / und auch die wilden
Tiere im Feld,
die Vögel in der Luft, / die Fische im Meer / und
alles, was seine Pfade durchzieht.
Jahwe, unser Herrscher, / wie gewaltig ist dein
Name überall auf der Welt!

Trage die Uhrzeit ein, wann Du die Verse
gelesen hast: Du musst am Anfang nicht die
siebenmal schaffen. Versuche ab jetzt auf vier
Zeitabschnitte zu kommen.

1. Zeitpunkt: _____

2. Zeitpunkt: _____

3. Zeitpunkt: _____

4. Zeitpunkt: _____

5. Zeitpunkt: _____

6. Zeitpunkt: _____

7. Zeitpunkt: _____

Wie ging es Dir dabei, den Vers mehrmals zu lesen? Hast Du heute was besonders mit dem Herrn erlebt?

_____

_____

_____

Tag 20
Psalm 14,1-7

Dem Chorleiter. Von David. Nur Narren reden
sich ein: "Es gibt keinen Gott." / Sie sind völlig
verdorben, / ihr Treiben ist ein Gräuel, / und
keiner ist da, der noch Gutes tut.
Jahwe blickt vom Himmel auf die Menschen
herab, / will sehen, ob einer dort verständig ist,
/ nur einer, der Gott wirklich sucht.
Doch alle sind abgewichen von ihm, / sie sind
alle verdorben. / Keiner tut Gutes, nicht einer ist
da.
Wissen die Bösen denn nicht, was sie tun? / Sie
fressen mein Volk, als äßen sie Brot. / Und
gewiss rufen sie Jahwe nicht an.
Doch werden sie mit Schrecken erfahren, / dass
Gott zu den Gerechten steht.
Die Hoffnung der Armen wollt ihr zerstören?! /
Doch Jahwe gibt ihnen sicheren Schutz.
Wenn doch die Rettung aus Zion bald käme! /
Wenn Jahwe die Not seines Volkes wendet, /
wird Israel jubeln und Jakob sich freuen.

Trage die Uhrzeit ein, wann Du die Verse
gelesen hast: Du musst am Anfang nicht die

siebenmal schaffen. Versuche ab jetzt auf fünf
Zeitabschnitte zu kommen.

1. Zeitpunkt: _____

2. Zeitpunkt: _____

3. Zeitpunkt: _____

4. Zeitpunkt: _____

5. Zeitpunkt: _____

6. Zeitpunkt: _____

7. Zeitpunkt: _____

Wie ging es Dir dabei, den Vers mehrmals zu
lesen? Hast Du heute was besonders mit dem
Herrn erlebt?

_____

Tag 21
Psalm 1,1-6

Wie beneidenswert glücklich ist der, / der nicht
auf den Rat von Gottlosen hört, / der sich an
Sündern kein Beispiel nimmt / und nicht mit
Spöttern zusammensitzt,
sondern Lust hat an der Weisung Jahwes / und
über sein Wort Tag und Nacht sinnt!
Er ist wie ein Baum, am Wasser gepflanzt, / der
seine Frucht zu seiner Zeit bringt / und dessen
Laub niemals verwelkt. / Ja, was er auch tut, es
gelingt!
Doch so sind die Gottlosen nicht. / Sie werden
wie Spreu vom Wind verweht.
Gottlose bestehen nicht in Gottes Gericht / und
Sünder nicht in der Gemeinschaft von Gottes
Volk.
Um den Weg der Gerechten sorgt sich Jahwe, /
doch von den Gottlosen bleibt zuletzt keine
Spur.

Trage die Uhrzeit ein, wann Du die Verse
gelesen hast: Du musst am Anfang nicht die
siebenmal schaffen. Versuche ab jetzt auf fünf
Zeitabschnitte zu kommen.

1. Zeitpunkt: _____

2. Zeitpunkt: _____

3. Zeitpunkt: _____

4. Zeitpunkt: _____

5. Zeitpunkt: _____

6. Zeitpunkt: _____

7. Zeitpunkt: _____

Wie ging es Dir dabei, den Vers mehrmals zu lesen? Hast Du heute was besonders mit dem Herrn erlebt?

_____

_____

_____

Tag 22
Psalm 2,1-6

Was soll das Toben der Völker? / Was soll ihr
sinnloser Plan?
Die Großen der Welt lehnen sich auf. / Sie tun
sich zusammen gegen Jahwe. / Gegen seinen
Messias gehen sie an:
"Los, wir zerbrechen ihr Joch, / befreien uns von
ihrem Strick."
Doch der im Himmel thront, lacht, / der Herr
lacht sie nur spöttisch aus.
Dann fährt er sie an in glühendem Zorn / und
erschreckt sie durch seinen Grimm:
"Ich habe den König gesalbt und geweiht", sagt
er, / "auf dem Zion, meinem heiligen Berg!"

Trage die Uhrzeit ein, wann Du die Verse
gelesen hast: Du musst am Anfang nicht die
siebenmal schaffen. Versuche ab jetzt auf fünf
Zeitabschnitte zu kommen.

1. Zeitpunkt: _____

2. Zeitpunkt: _____

3. Zeitpunkt: _____

4. Zeitpunkt: _____

5. Zeitpunkt: _____

6. Zeitpunkt: _____

7. Zeitpunkt: _____

Wie ging es Dir dabei, den Vers mehrmals zu lesen? Hast Du heute was besonders mit dem Herrn erlebt?

_____

_____

_____

Tag 23
Psalm 2,7-12

Nun will ich verkünden Jahwes Beschluss! / Er sagte zu mir: "Du bist mein Sohn! / Ich habe dich heute gezeugt.
Sprich mich nur an, und ich gebe dir Völker, / ja, die ganze Erde zu deinem Besitz!
Du wirst sie regieren mit eiserner Faust / und zerschmettern wie Töpfergeschirr."
Und nun, ihr Könige, kommt zur Vernunft! / Lasst euch warnen, Richter der Welt!
Unterwerft euch Jahwe und zittert vor ihm - und jubelt ihm zu!
Verehrt den Sohn, damit er nicht zürnt / und euch umbringt auf eurem Weg, / denn leicht erregt sich sein Zorn! / Doch in seinem Schutz haben alle es gut!

Trage die Uhrzeit ein, wann Du die Verse gelesen hast: Du musst am Anfang nicht die siebenmal schaffen. Versuche ab jetzt auf fünf Zeitabschnitte zu kommen.

1. Zeitpunkt: _____

2. Zeitpunkt: _____

3. Zeitpunkt: _____

4. Zeitpunkt: _____

5. Zeitpunkt: _____

6. Zeitpunkt: _____

7. Zeitpunkt: _____

Wie ging es Dir dabei, den Vers mehrmals zu lesen? Hast Du heute was besonders mit dem Herrn erlebt?

_____

_____

_____

Tag 24
Psalm 7,1-6

Lied in freien Rhythmen von David. Er sang es
Jahwe, als der Benjaminit Kusch ihn
beschuldigte.
Jahwe, mein Gott, bei dir suche ich Schutz; /
rette mich vor allen, die mich hetzen, / hilf mir
doch,
dass man mir nicht das Leben nimmt, / mich
nicht zerfleischt wie ein Löwe, / und dann keiner
da ist, der mich rettet!
Jahwe, mein Gott, wenn ich es getan habe, /
wenn Unrecht an meinen Händen klebt,
wenn ich friedfertigen Menschen Böses antat, /
wenn ich die beraubte, die mich jetzt grundlos
verklagen,
dann soll mein Feind mich verfolgen und
packen, / dann richte er mein Leben zugrunde /
und trete meine Ehre in den Dreck! //

Trage die Uhrzeit ein, wann Du die Verse
gelesen hast: Du musst am Anfang nicht die
siebenmal schaffen. Versuche ab jetzt auf fünf
Zeitabschnitte zu kommen.

1. Zeitpunkt: _____

2. Zeitpunkt: _____

3. Zeitpunkt: _____

4. Zeitpunkt: _____

5. Zeitpunkt: _____

6. Zeitpunkt: _____

7. Zeitpunkt: _____

Wie ging es Dir dabei, den Vers mehrmals zu lesen? Hast Du heute was besonders mit dem Herrn erlebt?

_____

_____

_____

Tag 25
Psalm 7,7-12

Steh auf Jahwe! Richte deinen Zorn gegen sie! /
Stell dich gegen das Wüten meiner Bedränger! /
Greif ein und stell das Recht wieder her!
Versammle die Völker um dich zum Gericht /
und kehre dann in die Höhe zurück!
Jahwe wird die Völker richten. / Schaffe mir
Recht, Jahwe, / denn ich bin doch im Recht! / Du
weißt, dass ich unschuldig bin.
Lass die Bosheit der Boshaften enden / und gib
dem Gerechten Bestand, / gerechter Gott, der
Herz und Nieren prüft!
Gott ist mein Schild über mir. / Er rettet die, die
aufrichtig sind.
Gott ist ein gerechter Richter, / ein Gott, der
täglich strafen kann.

Trage die Uhrzeit ein, wann Du die Verse
gelesen hast: Du musst am Anfang nicht die
siebenmal schaffen. Versuche ab jetzt auf fünf
Zeitabschnitte zu kommen.

1. Zeitpunkt: _____

2. Zeitpunkt: _____

3. Zeitpunkt: _____

4. Zeitpunkt: _____

5. Zeitpunkt: _____

6. Zeitpunkt: _____

7. Zeitpunkt: _____

Wie ging es Dir dabei, den Vers mehrmals zu lesen? Hast Du heute was besonders mit dem Herrn erlebt?

_____

_____

_____

Tag 26
Psalm 7,13-18

Schon schärft er sein Schwert, / spannt seinen Bogen und zielt.
Seine tödlichen Waffen liegen bereit, / die Pfeile angezündet.
Wer Böses im Sinn hat, / geht schwanger mit Unheil / und wird Falschheit gebären.
Er gräbt eine Grube und schaufelt tief aus / und fällt selbst in die Falle, die er gestellt hat.
Seine Bosheit kommt zu ihm zurück / und fällt ihm selbst auf den Kopf.
Ich preise Jahwe für sein gerechtes Tun. / Ich besinge den Namen des Höchsten, / den Namen Jahwe!

Trage die Uhrzeit ein, wann Du die Verse gelesen hast: Du musst am Anfang nicht die siebenmal schaffen. Versuche ab jetzt auf fünf Zeitabschnitte zu kommen.

1. Zeitpunkt: _____

2. Zeitpunkt: _____

3. Zeitpunkt: _____

4. Zeitpunkt: _____

5. Zeitpunkt: _____

6. Zeitpunkt: _____

7. Zeitpunkt: _____

Wie ging es Dir dabei, den Vers mehrmals zu lesen? Hast Du heute was besonders mit dem Herrn erlebt?

_____

_____

_____

Tag 27
Psalm 10,1-6

Warum, Jahwe, stehst du fern, / verbirgst dich in Zeiten der Not?
Durch den Hochmut der Gottlosen fiebert der Arme. / Mögen sie sich verfangen im eigenen Plan!
Der Gottlose rühmt sich seiner Begierden, / der Habsüchtige prahlt; er verachtet Jahwe.
Der Gottlose sagt in seinem Wahn: "Gott forscht nicht nach!" / "Es gibt keinen Gott", sind all seine Gedanken.
Sein Tun glückt ihm zu jeder Zeit; / fern sind ihm deine Gerichte; / seine Gegner schnaubt er nur an.
Er sagt zu sich selbst: / "Was kann mich erschüttern? / An mir geht jedes Unglück vorbei. / So wird es auch bleiben."

Trage die Uhrzeit ein, wann Du die Verse gelesen hast: Du musst am Anfang nicht die siebenmal schaffen. Versuche ab jetzt auf fünf Zeitabschnitte zu kommen.

1. Zeitpunkt: _____

2. Zeitpunkt: _____

3. Zeitpunkt: _____

4. Zeitpunkt: _____

5. Zeitpunkt: _____

6. Zeitpunkt: _____

7. Zeitpunkt: _____

Wie ging es Dir dabei, den Vers mehrmals zu lesen? Hast Du heute was besonders mit dem Herrn erlebt?

_____

_____

_____

Tag 28
Psalm 10,7-12

Er flucht, er lügt, er droht. / Nichts als Unheil richtet er an.
Er liegt auf der Lauer in den Gehöften, / mordet den Unschuldigen im Versteck. / Seine Augen spähen dem Wehrlosen nach.
Er lauert im Versteck wie ein Löwe im Dickicht, / er lauert darauf, den Schwachen zu fangen, / er fängt sein Opfer in seinem Netz.
Er schlägt und der Schwache sinkt hin, / er fällt in seine Pranken.
Er sagt sich: "Gott vergisst es! / Er verbirgt sein Gesicht. / Er sieht nie mehr hin."
Steh auf, Jahwe! / Gott, erhebe deine Hand! / Vergiss die Armen nicht!

Trage die Uhrzeit ein, wann Du die Verse gelesen hast: Du musst am Anfang nicht die siebenmal schaffen. Versuche ab jetzt auf fünf Zeitabschnitte zu kommen.

1. Zeitpunkt: _____

2. Zeitpunkt: _____

3. Zeitpunkt: _____

4. Zeitpunkt: _____

5. Zeitpunkt: _____

6. Zeitpunkt: _____

7. Zeitpunkt: _____

Wie ging es Dir dabei, den Vers mehrmals zu lesen? Hast Du heute was besonders mit dem Herrn erlebt?

_____

_____

_____

Tag 29
Psalm 10,13-18

Weshalb darf der Böse Gott verhöhnen? / Weshalb darf er sagen: "Du forschst ja nicht nach"?

Aber du hast es gesehen, / denn du schaust auf Jammer und Gram / und nimmst die Sache in die Hand. / Dir überlässt es der Schwache, / dir, dem Helfer der Waisen.

Zerbrich den Arm des gottlosen Bösen! / Bestrafe seine Gottlosigkeit, / dass man nichts mehr von ihm findet!

Jahwe ist König für immer und ewig! / Die Heiden verschwinden aus seinem Land.

Du hast die Sehnsucht der Armen gestillt, Jahwe, / du stärkst ihr Herz, du hörst auf sie.

Du schaffst den Waisen und Bedrückten Recht; / kein Mensch auf der Erde muss mehr erschrecken.

Trage die Uhrzeit ein, wann Du die Verse gelesen hast: Du musst am Anfang nicht die siebenmal schaffen. Versuche ab jetzt auf fünf Zeitabschnitte zu kommen.

1. Zeitpunkt: _____

2. Zeitpunkt: _____

3. Zeitpunkt: _____

4. Zeitpunkt: _____

5. Zeitpunkt: _____

6. Zeitpunkt: _____

7. Zeitpunkt: _____

Wie ging es Dir dabei, den Vers mehrmals zu lesen? Hast Du heute was besonders mit dem Herrn erlebt?

_____

_____

_____

Tag 30
Psalm 11,1-7

Dem Chorleiter. Von David. Bei Jahwe berge ich mich. / Wie könnt ihr zu mir sagen: / "Flieh, Vogel, in die Berge!"?
Da! Die Gottlosen spannen den Bogen, / legen den Pfeil auf die Sehne, / um die mit redlichem Herzen / aus dem Dunkel zu treffen.
Ist die Grundordnung zerbrochen, / was richtet da der Gerechte noch aus?
Jahwe ist in seinem heiligen Palast, / Jahwe - im Himmel ist sein Thron. / Seine Augen schauen auf die Menschen herab, / keiner entgeht seinem prüfenden Blick.
Jahwe prüft sie alle: / die ihm gehorchen und die ihn missachten. / Und wer Gewalt liebt, / den hasst er von Herzen.
Über die Gottlosen lasse er Fangnetze regnen, / Feuer, Schwefel und Glutwind fülle ihren Kelch! / Denn Jahwe ist gerecht und liebt Gerechtigkeit. / Den Aufrichtigen schaut er an.

Trage die Uhrzeit ein, wann Du die Verse gelesen hast: Du musst am Anfang nicht die siebenmal schaffen. Versuche ab jetzt auf sechs Zeitabschnitte zu kommen.

1. Zeitpunkt: _____

2. Zeitpunkt: _____

3. Zeitpunkt: _____

4. Zeitpunkt: _____

5. Zeitpunkt: _____

6. Zeitpunkt: _____

7. Zeitpunkt: _____

Wie ging es Dir dabei, den Vers mehrmals zu lesen? Hast Du heute was besonders mit dem Herrn erlebt?

_____

_____

_____

Halbzeit des Buches

Jetzt sind die ersten 30 Tage vorbei. Wie geht es
Dir mit dem Buch? Hat sich Dein Glauben
verändert? Wenn ja, wie hat er sich verändert?

_____

_____

_____

_____

_____

_____

Gib es irgendetwas, was Du noch erwähnen möchtest?

_____

_____

_____

_____

_____

_____

Tag 31
Psalm 14,1-7

Dem Chorleiter. Von David. Nur Narren reden sich ein: "Es gibt keinen Gott." / Sie sind völlig verdorben, / ihr Treiben ist ein Gräuel, / und keiner ist da, der noch Gutes tut.
Jahwe blickt vom Himmel auf die Menschen herab, / will sehen, ob einer dort verständig ist, / nur einer, der Gott wirklich sucht.
Doch alle sind abgewichen von ihm, / sie sind alle verdorben. / Keiner tut Gutes, nicht einer ist da.
Wissen die Bösen denn nicht, was sie tun? / Sie fressen mein Volk, als äßen sie Brot. / Und gewiss rufen sie Jahwe nicht an.
Doch werden sie mit Schrecken erfahren, / dass Gott zu den Gerechten steht.
Die Hoffnung der Armen wollt ihr zerstören?! / Doch Jahwe gibt ihnen sicheren Schutz.
Wenn doch die Rettung aus Zion bald käme! / Wenn Jahwe die Not seines Volkes wendet, / wird Israel jubeln und Jakob sich freuen.

Trage die Uhrzeit ein, wann Du die Verse gelesen hast: Du musst am Anfang nicht die

siebenmal schaffen. Versuche ab jetzt auf sechs
Zeitabschnitte zu kommen.

1. Zeitpunkt: _____

2. Zeitpunkt: _____

3. Zeitpunkt: _____

4. Zeitpunkt: _____

5. Zeitpunkt: _____

6. Zeitpunkt: _____

7. Zeitpunkt: _____

Wie ging es Dir dabei, den Vers mehrmals zu
lesen? Hast Du heute was besonders mit dem
Herrn erlebt?

_____

_____

_____

Tag 32
Psalm 25,1-6

Von David. Zu dir erhebe ich meine Seele,
Jahwe.
Mein Gott, ich vertraue auf dich: / Lass mich
nicht im Stich! / Gönn meinen Feinden nicht
diesen Triumph!
Wer auf dich hofft, wird niemals enttäuscht, /
doch wer dich treulos verlässt, wird beschämt.
Zeig mir, Jahwe, deine Wege, / lehre mich tun,
was du willst.
Leite mich durch deine Wahrheit und lehre
mich, / denn du bist der Gott, der mir hilft. /
Täglich hoffe ich auf dich.
Denk an dein Erbarmen, Jahwe, / und an die
Beweise deiner Gunst, / denn sie waren immer
schon da.

Trage die Uhrzeit ein, wann Du die Verse
gelesen hast: Du musst am Anfang nicht die
siebenmal schaffen. Versuche ab jetzt auf sechs
Zeitabschnitte zu kommen.

1. Zeitpunkt: _____

2. Zeitpunkt: _____

3. Zeitpunkt: _____

4. Zeitpunkt: _____

5. Zeitpunkt: _____

6. Zeitpunkt: _____

7. Zeitpunkt: _____

Wie ging es Dir dabei, den Vers mehrmals zu lesen? Hast Du heute was besonders mit dem Herrn erlebt?

_____

_____

_____

Tag 33
Psalm 25,7-12

Denk nicht an meine Jugendsünden / und an meine Vergehen! / Denk in deiner Liebe an mich; / tu es, weil du gütig bist, Jahwe.
Jahwe ist gut und gerecht, / darum belehrt er die Sünder.
Die Gebeugten führt er in seinem Recht / und lehrt sie seinen Weg zu erkennen.
Alles, was Jahwe tut, ist nur Güte und Wahrheit / für die, die seinen Bund und seine Gebote beachten.
Um deines Namens willen, Jahwe, / vergib mir meine so große Schuld!
Was ist mit dem, der Jahwe fürchtet? / Ihm zeigt er den Weg, den er wählen soll.

Trage die Uhrzeit ein, wann Du die Verse gelesen hast: Du musst am Anfang nicht die siebenmal schaffen. Versuche ab jetzt auf sechs Zeitabschnitte zu kommen.

1. Zeitpunkt: _____

2. Zeitpunkt: _____

3. Zeitpunkt: _____

4. Zeitpunkt: _____

5. Zeitpunkt: _____

6. Zeitpunkt: _____

7. Zeitpunkt: _____

Wie ging es Dir dabei, den Vers mehrmals zu lesen? Hast Du heute was besonders mit dem Herrn erlebt?

_____

_____

_____

Tag 34
Psalm 25,13-17

Er lebt in Frieden und Glück / und seinen
Kindern gehört das Land.
Den Gottesfürchtigen vertraut Jahwe. / Er weiht
sie ein in seinen Bund.
Meine Augen haben Jahwe immer im Blick, /
denn er zieht meine Füße aus dem Netz.
Wende dich gnädig mir zu! / Denn ich bin
einsam und elend.
Befreie mein Herz von der Angst / und nimm
den Druck von mir weg!

Trage die Uhrzeit ein, wann Du die Verse
gelesen hast: Du musst am Anfang nicht die
siebenmal schaffen. Versuche ab jetzt auf sechs
Zeitabschnitte zu kommen.

1. Zeitpunkt: _____

2. Zeitpunkt: _____

3. Zeitpunkt: _____

4. Zeitpunkt: _____

5. Zeitpunkt:_____

6. Zeitpunkt:_____

7. Zeitpunkt:_____

Wie ging es Dir dabei, den Vers mehrmals zu lesen? Hast Du heute was besonders mit dem Herrn erlebt?

_____

_____

_____

Tag 35
Psalm 25,18-22

Sieh mein Elend an und meine Not; / vergib mir
meine ganze Schuld!
Schau, meine Feinde sind viele geworden! /
Abgrundtief hassen sie mich.
Erhalte mein Leben und rette mich! / Lass mich
nicht scheitern, / denn ich suche Unterschlupf
bei dir!
Mögen Unschuld und Geradheit mich schützen,
/ denn ich zähle auf dich!
Erlöse Israel aus allen seinen Nöten, Gott!

Trage die Uhrzeit ein, wann Du die Verse
gelesen hast: Du musst am Anfang nicht die
siebenmal schaffen. Versuche ab jetzt auf sechs
Zeitabschnitte zu kommen.

1. Zeitpunkt: _____

2. Zeitpunkt: _____

3. Zeitpunkt: _____

4. Zeitpunkt: _____

5. Zeitpunkt: _____

6. Zeitpunkt: _____

7. Zeitpunkt: _____

Wie ging es Dir dabei, den Vers mehrmals zu lesen? Hast Du heute was besonders mit dem Herrn erlebt?

_____

_____

_____

Tag 36
Psalm 26,1-6

Von David. Richte du mich, Jahwe, / denn ich habe aufrichtig vor dir gelebt. / Ich habe Jahwe vertraut / ohne zu wanken.
Prüf mich, Jahwe, und erprobe mich, / prüfe mich auf Herz und Nieren!
Ich hatte deine Gnade vor Augen, / deine Treue bestimmte mein Leben.
Ich hatte nichts mit Betrügern zu tun. / Ich gab mich nicht mit Heuchlern ab.
Die Gesellschaft von Bösen ist mir verhasst, / bei den Gottlosen sitze ich nicht.
In Unschuld wasche ich meine Hände / und gehe um deinen Altar herum.

Trage die Uhrzeit ein, wann Du die Verse gelesen hast: Du musst am Anfang nicht die siebenmal schaffen. Versuche ab jetzt auf sechs Zeitabschnitte zu kommen.

1. Zeitpunkt: _____

2. Zeitpunkt: _____

3. Zeitpunkt: _____

4. Zeitpunkt: _____

5. Zeitpunkt: _____

6. Zeitpunkt: _____

7. Zeitpunkt: _____

Wie ging es Dir dabei, den Vers mehrmals zu lesen? Hast Du heute was besonders mit dem Herrn erlebt?

_____

_____

_____

Tag 37
Psalm 26,7-12

Ich lasse laut ein Danklied hören / und erzähle all deine Wunder, Jahwe.
Ich liebe das Haus, in dem du wohnst, / wo deine Herrlichkeit uns nahe ist.
Raff mich nicht mit den Sündern weg, / nimm mir nicht mit den Mördern das Leben! / Schandtaten kleben an ihren Händen, / und ihre Taschen sind durch Bestechungen voll.
Doch ich führe ein aufrichtiges Leben. / Erlöse mich und sei mir gnädig!
Jetzt stehe ich auf sicherem Boden, / und ich preise Jahwe in der Gemeinde.

Trage die Uhrzeit ein, wann Du die Verse gelesen hast: Du musst am Anfang nicht die siebenmal schaffen. Versuche ab jetzt auf sechs Zeitabschnitte zu kommen.

1. Zeitpunkt: _____

2. Zeitpunkt: _____

3. Zeitpunkt: _____

4. Zeitpunkt: _____

5. Zeitpunkt: _____

6. Zeitpunkt: _____

7. Zeitpunkt: _____

Wie ging es Dir dabei, den Vers mehrmals zu lesen? Hast Du heute was besonders mit dem Herrn erlebt?

_____

_____

_____

Tag 38
Psalm 32,1-6

Ein Lehrgedicht von David. Wie glücklich ist der, / dem sein Unrecht verziehen, / dem die Sünde zugedeckt ist.
Wie glücklich zu preisen der Mensch, / dem Jahwe die Schuld nicht zumisst, / und dessen Geist frei ist von Betrug.
Solange ich schwieg, / verfiel auch mein Leib, / denn unaufhörlich schrie es in mir.
Du hattest deine Hand schwer auf mich gelegt - bei Tag und bei Nacht, / es hörte nie auf. / Mein Lebenssaft verdorrte in der Sommerglut. //
Da endlich bekannte ich dir meine Schuld / und verschwieg mein Unrecht nicht länger vor dir. / Da sprach ich es aus: / "Ja, ich gebe es zu, / ich bekenne meine Vergehen, Jahwe!" / Und du, du hast mich befreit von der Schuld, / hast die Sünden vergeben, / das Böse bedeckt. //
Darum: Wer dich liebt, / der bete, wann immer er dich antreffen kann. / Wenn dann die gewaltige Flut einbricht, / ihm werden die Wasser nichts tun.

Trage die Uhrzeit ein, wann Du die Verse gelesen hast: Du musst am Anfang nicht die

siebenmal schaffen. Versuche ab jetzt auf sechs
Zeitabschnitte zu kommen.

1. Zeitpunkt: _____

2. Zeitpunkt: _____

3. Zeitpunkt: _____

4. Zeitpunkt: _____

5. Zeitpunkt: _____

6. Zeitpunkt: _____

7. Zeitpunkt: _____

Wie ging es Dir dabei, den Vers mehrmals zu
lesen? Hast Du heute was besonders mit dem
Herrn erlebt?

_____

Tag 39
Psalm 32,7-11

Bei dir bin ich sicher geborgen, / beschützt in jeder Gefahr / und vom Jubel der Rettung umschallt. //
Ich will dich belehren, / und ich zeig dir den richtigen Weg. / Ich will dich beraten, / und mein Auge wird ruhen auf dir.
Sei nicht wie ein Pferd und wie ein Maultier ohne Verstand, / deren Wildheit du bändigen musst mit Zügel und Zaum, / sonst folgen sie nicht.
Wer ohne Gott lebt, schafft sich viel Schmerz; / doch wer Jahwe vertraut, wird von Güte umhüllt.
Freut euch an ihm und jauchzt, die ihr Jahwe gehorcht! / Jubelt auf, ihr ehrlichen Herzen!

Trage die Uhrzeit ein, wann Du die Verse gelesen hast: Du musst am Anfang nicht die siebenmal schaffen. Versuche ab jetzt auf sechs Zeitabschnitte zu kommen.

1. Zeitpunkt: _____

2. Zeitpunkt:_____

3. Zeitpunkt:_____

4. Zeitpunkt:_____

5. Zeitpunkt:_____

6. Zeitpunkt:_____

7. Zeitpunkt:_____

Wie ging es Dir dabei, den Vers mehrmals zu lesen? Hast Du heute was besonders mit dem Herrn erlebt?

_____

_____

_____

Tag 40
Psalm 36,1-7

Dem Chorleiter. Von David, dem Diener Jahwes.
Die Sünde des Gottlosen ist es, die tief in
meinem Herzen spricht: / "Bei ihm gibt es kein
Erschrecken vor Gott."
Denn er gefällt sich darin, / Sünde zu tun und zu
hassen.
Lug und Trug ist alles, was er sagt. / Er hat
aufgehört, zu begreifen und Gutes zu tun.
Schon im Bett brütet er die Bosheit aus. / Er
bleibt bei seinem schlimmen Treiben, / nichts
hält ihn von seiner Bosheit zurück.
Deine Güte, Jahwe, reicht bis zum Himmel, /
deine Treue bis zu den Wolken.
Dein Recht steht wie die Gottesberge, / dein
Richten wie das gewaltige Meer. / Jahwe,
Menschen und Tieren hilfst du.

Trage die Uhrzeit ein, wann Du die Verse
gelesen hast: Du musst am Anfang nicht die
siebenmal schaffen. Versuche ab jetzt auf sechs
Zeitabschnitte zu kommen.

1. Zeitpunkt: _____

2. Zeitpunkt:_____

3. Zeitpunkt:_____

4. Zeitpunkt:_____

5. Zeitpunkt:_____

6. Zeitpunkt:_____

7. Zeitpunkt:_____

Wie ging es Dir dabei, den Vers mehrmals zu lesen? Hast Du heute was besonders mit dem Herrn erlebt?

_____

_____

_____

Tag 41
Psalm 36,8-13

Wundervoll ist deine Güte, Gott! / Im Schatten deiner Flügel suchen Menschenkinder Schutz.
Sie laben sich am Reichtum deines Hauses. / Vom Bach deiner Freude lässt du sie trinken.
Denn bei dir ist die Quelle des Lebens, / in deinem Licht sehen wir Licht.
Erhalte deine Gnade denen, die dich kennen, / deine Gerechtigkeit denen, die aufrichtig sind.
Der Fuß der Stolzen soll mich nicht treten, / die Hand der Gottlosen vertreibe mich nicht!
Da! Die Bösen sind gefallen, / sie sind gestürzt und kommen nicht mehr auf.

Trage die Uhrzeit ein, wann Du die Verse gelesen hast: Du musst am Anfang nicht die siebenmal schaffen. Versuche ab jetzt auf sechs Zeitabschnitte zu kommen.

1. Zeitpunkt: _____

2. Zeitpunkt: _____

3. Zeitpunkt: _____

4. Zeitpunkt:_____

5. Zeitpunkt:_____

6. Zeitpunkt:_____

7. Zeitpunkt:_____

Wie ging es Dir dabei, den Vers mehrmals zu lesen? Hast Du heute was besonders mit dem Herrn erlebt?

_____

_____

_____

Tag 42
Psalm 40,1-6

Dem Chorleiter. Ein Psalmlied von David.
Ich hoffte und hoffte auf Jahwe, / da hat er sich
mir zugewandt, / hat mein Rufen gehört.
Er zog mich hoch aus dem brodelnden Loch, /
aus Schlick und Schlamm. / Er stellte mich auf
festen Fels / und gab meinen Schritten sicheren
Grund.
Er gab mir ein neues Lied in den Mund, / einen
Lobgesang auf unseren Gott. / Erschauernd
werden viele es sehen - und Jahwe vertrauen!
Wie glücklich der Mann, der Jahwe vertraut; /
der in ihm seine Sicherheit hat, / sich nicht an
Ungestüme hängt / und keinen Lügnern glaubt.
Jahwe, mein Gott! / Du hast so viel für uns
getan; niemand ist wie du! / Deine Pläne, deine
wunderbaren Taten! / Wollte ich von ihnen
erzählen, / es wären mehr, als man aufzählen
kann.

Trage die Uhrzeit ein, wann Du die Verse
gelesen hast: Du musst am Anfang nicht die
siebenmal schaffen. Versuche ab jetzt auf sechs
Zeitabschnitte zu kommen.

1. Zeitpunkt: _____

2. Zeitpunkt: _____

3. Zeitpunkt: _____

4. Zeitpunkt: _____

5. Zeitpunkt: _____

6. Zeitpunkt: _____

7. Zeitpunkt: _____

Wie ging es Dir dabei, den Vers mehrmals zu lesen? Hast Du heute was besonders mit dem Herrn erlebt?

_____

_____

_____

Tag 43
Psalm 40,7-12

Opfer und Gaben gefallen dir nicht, / aber Ohren hast du mir gegeben; / und ich weiß, dass du weder Brand- noch Sündopfer willst.
Nun sage ich: "Da komme ich! / Denn das steht in deinem Buch über mich.
Ich liebe zu tun, was dir gefällt, Gott! / Denn dein Gesetz ist tief in mir verwahrt."
Vor der ganzen Versammlung werde ich sagen, / wie treu du deine Versprechen einlöst. / Meine Lippen verschließe ich nicht, / du weißt es, Jahwe.
Deine Gerechtigkeit verberge ich nicht / in der Tiefe meines innersten Seins. / Von deiner Treue und Hilfe hab ich erzählt; / der großen Versammlung beschrieb ich / deine Wahrheit und Güte.
Du, Jahwe, enthältst mir dein Erbarmen nicht vor, / damit deine Treue und Güte mich immer bewacht!

Trage die Uhrzeit ein, wann Du die Verse gelesen hast: Du musst am Anfang nicht die siebenmal schaffen. Versuche ab jetzt auf sechs Zeitabschnitte zu kommen.

1. Zeitpunkt: _____

2. Zeitpunkt: _____

3. Zeitpunkt: _____

4. Zeitpunkt: _____

5. Zeitpunkt: _____

6. Zeitpunkt: _____

7. Zeitpunkt: _____

Wie ging es Dir dabei, den Vers mehrmals zu lesen? Hast Du heute was besonders mit dem Herrn erlebt?

_____

_____

_____

Tag 44
Psalm 40,13-18

Bis zur Unzahl umringt mich böses Geschick, /
und meine Sünden holen mich ein, / dass ich
nicht mehr aufblicken kann. / Sie sind mehr als
die Haare auf meinem Kopf. / Da verlässt mich
mein Mut.
Komm schnell und rette mich, Gott! / Hilf mir,
Jahwe!
Sie suchen meinen Tod. / Schämen sollen sie
sich! / Schande über sie! / Sie genießen meine
Not. / Mögen sie abprallen mit Schimpf,
erschrecken mit Scham; / sie, die hämisch
riefen: "Haha! Haha!"
Die dich suchen, sollen jubeln / und sich freuen
an dir! / Die dich als Retter lieben, / sollen
sagen: "Groß ist Jahwe!"
Doch ich bin elend und arm. / Der Herr denkt an
mich. / Meine Hilfe und mein Retter bist du! /
Mein Gott, zögere nicht!

Trage die Uhrzeit ein, wann Du die Verse
gelesen hast: Du musst am Anfang nicht die
siebenmal schaffen. Versuche ab jetzt auf sechs
Zeitabschnitte zu kommen.

1. Zeitpunkt: _____

2. Zeitpunkt: _____

3. Zeitpunkt: _____

4. Zeitpunkt: _____

5. Zeitpunkt: _____

6. Zeitpunkt: _____

7. Zeitpunkt: _____

Wie ging es Dir dabei, den Vers mehrmals zu lesen? Hast Du heute was besonders mit dem Herrn erlebt?

_____

_____

_____

Tag 45
Psalm 42,1-6

Dem Chorleiter. Ein Lehrgedicht von den Söhnen Korachs.

Wie ein Hirsch nach klarem Wasser lechzt, / so sehne ich mich nach dir, mein Gott.

Meine Seele dürstet nach Gott, / nach dem lebendigen Gott. / Wann darf ich wieder kommen, / wann vor seinem Angesicht stehn?

Tränen waren Tag und Nacht mein Brot, / denn sie sagten täglich zu mir: / "Wo ist denn nun dein Gott?"

Darüber denke ich nach, / und schütte mein Herz in mir aus: / Wie ich mitzog mit der Schar, / sie bei Jubelgeschrei und Lobgesang / in Gottes Haus führte, / mitten im Lärm der feiernden Menge.

Was bist du so gebeugt, meine Seele, / was stöhnst du in mir? / Hoffe auf Gott! Denn ich werde ihn noch loben / für die Rettung, die von ihm kommt.

Trage die Uhrzeit ein, wann Du die Verse gelesen hast: Probiere ab jetzt, ob Du es schaffst die 7 Zeitpunkte mit einer Uhrzeit zu füllen.

1. Zeitpunkt: _____

2. Zeitpunkt: _____

3. Zeitpunkt: _____

4. Zeitpunkt: _____

5. Zeitpunkt: _____

6. Zeitpunkt: _____

7. Zeitpunkt: _____

Wie ging es Dir dabei, den Vers mehrmals zu lesen? Hast Du heute was besonders mit dem Herrn erlebt?

_____

_____

_____

Tag 46
Psalm 42,7-12

Mein Gott, ich bin ganz aufgelöst. / Darum denke ich an dich / aus dem Land des Jordan, / der Hermongipfel und des Kleinen Bergs.
Die Tiefe ruft der Tiefe zu / beim Tosen deiner Wasserfälle. / All deine Wogen und Wellen / gehen über mich hin.
Am Tag bietet Jahwe seine Gnade auf, / nachts ist sein Lied bei mir, / ein Gebet zum Gott meines Lebens.
Sagen will ich zu Gott, meinem Fels: / "Warum hast du mich vergessen? / Warum laufe ich trauernd herum, / bedrückt durch den Feind?"
Mörderische Qual in meinen Knochen / ist der Hohn meiner Bedränger, / die mich täglich fragen: "Wo ist denn dein Gott?"
Was bist du so gebeugt, meine Seele, / was stöhnst du in mir? / Hoffe auf Gott! Denn ich werde ihn noch loben / für die Rettung, die von ihm kommt, meinem Gott.

Trage die Uhrzeit ein, wann Du die Verse gelesen hast: Probiere ab jetzt, ob Du es schaffst die 7 Zeitpunkte mit einer Uhrzeit zu füllen.

1. Zeitpunkt: _____

2. Zeitpunkt: _____

3. Zeitpunkt: _____

4. Zeitpunkt: _____

5. Zeitpunkt: _____

6. Zeitpunkt: _____

7. Zeitpunkt: _____

Wie ging es Dir dabei, den Vers mehrmals zu lesen? Hast Du heute was besonders mit dem Herrn erlebt?

_____

_____

_____

Tag 47
Psalm 43,1-5

Verschaffe mir Recht, mein Gott! / Verteidige mich gegen treuloses Volk! / Lass mich den Lügnern und Betrügern entkommen!
Du warst doch immer mein Schutz. / Warum hast du mich verworfen? / Warum laufe ich trauernd herum, / bedrückt durch den Feind?
Sende dein Licht und deine Wahrheit, / dass sie mich leiten, / mich bringen zu deinem heiligen Berg, / zu den Orten deiner Gegenwart;
dass ich komme zu Gottes Altar, / zum Gott meiner jubelnden Freude, / und dich preise auf der Zither, Gott, mein Gott!
Was bist du so gebeugt, meine Seele, / was stöhnst du in mir? / Hoffe auf Gott! Denn ich werde ihn noch loben / für die Rettung, die von ihm kommt, meinem Gott.

Trage die Uhrzeit ein, wann Du die Verse gelesen hast: Probiere ab jetzt, ob Du es schaffst die 7 Zeitpunkte mit einer Uhrzeit zu füllen.

1. Zeitpunkt: _____

2. Zeitpunkt:_____

3. Zeitpunkt:_____

4. Zeitpunkt:_____

5. Zeitpunkt:_____

6. Zeitpunkt:_____

7. Zeitpunkt:_____

Wie ging es Dir dabei, den Vers mehrmals zu lesen? Hast Du heute was besonders mit dem Herrn erlebt?

_____

_____

_____

Tag 48
Psalm 45,1-6

Dem Chorleiter. Nach der Melodie "Lilien". Ein Lehrgedicht von den Söhnen Korachs. Ein Liebeslied.
Gute Worte bewegen mein Herz. / Dem König sag ich meine Gedichte. / Meine Zunge sei der Griffel eines Meisterschreibers!
Du bist schöner als andere Menschen, / Gnade ist über deine Lippen gegossen. / Darum hat Gott dich gesegnet für ewig.
Gürte, du Held, dein Schwert an die Hüfte, / deine Majestät und deine Pracht!
Deine Pracht ist das Gelingen. / Zieh aus für die Sache der Wahrheit, / für Sanftmut und Gerechtigkeit! / Furchterregende Taten / lehre dich dein rechter Arm!
Deine Pfeile sind scharf. / Unterwirf dir die Völker, / triff deine Feinde mitten ins Herz!

Trage die Uhrzeit ein, wann Du die Verse gelesen hast: Probiere ab jetzt, ob Du es schaffst die 7 Zeitpunkte mit einer Uhrzeit zu füllen.

1. Zeitpunkt: _____

2. Zeitpunkt:_____

3. Zeitpunkt:_____

4. Zeitpunkt:_____

5. Zeitpunkt:_____

6. Zeitpunkt:_____

7. Zeitpunkt:_____

Wie ging es Dir dabei, den Vers mehrmals zu lesen? Hast Du heute was besonders mit dem Herrn erlebt?

_____

_____

_____

Tag 49
Psalm 45,7-12

Gott, dein Thron steht immer und ewig! /
Geradheit ist das Zepter deiner Herrschaft.
Du liebst Gerechtigkeit und hasst den Frevel. /
Gott! Darum hat dein Gott dich gesalbt / mit
Freudenöl vor deinen Gefährten.
Myrrhe, Aloë und Kassia ist auf deinen Kleidern,
/ aus Elfenbeinhallen erfreut dich Saitenspiel.
Königstöchter stehen da / mit deinen
Kostbarkeiten. / Die Braut steht dir zur Rechten,
/ in Ofirgold geschmückt.
Hör zu, Tochter! Sieh her und neige dein Ohr! /
Vergiss dein Volk und Vaterhaus!
Begehrt der König deine Schönheit, / - er ist dein
Herr - ergib dich ihm!

Trage die Uhrzeit ein, wann Du die Verse
gelesen hast: Probiere ab jetzt, ob Du es schaffst
die 7 Zeitpunkte mit einer Uhrzeit zu füllen.

    1. Zeitpunkt: _____

    2. Zeitpunkt: _____

3. Zeitpunkt:_____

4. Zeitpunkt:_____

5. Zeitpunkt:_____

6. Zeitpunkt:_____

7. Zeitpunkt:_____

Wie ging es Dir dabei, den Vers mehrmals zu lesen? Hast Du heute was besonders mit dem Herrn erlebt?

_____

_____

_____

Tag 50
Psalm 45,13-18

Die Tochter von Tyrus bringt ein Geschenk, / die Reichen des Volkes flehen dich an.
Ganz herrlich steht die Königstochter drinnen, / aus Goldgewebe ist ihr Gewand.
In gestickten Kleidern wird sie zum König geführt, / unberührte Mädchen folgen ihr. / So bringt man sie zum König.
Sie werden geführt unter Freude und Jubel, / sie ziehen in den Palast des Königs.
An die Stelle deiner Väter treten einst deine Söhne; / du bestellst sie zu Fürsten im ganzen Land.
Ich will deinen Namen bekennen lassen von Kind zu Kindeskind. / Darum werden die Völker dich preisen immer und ewig.

Trage die Uhrzeit ein, wann Du die Verse gelesen hast: Probiere ab jetzt, ob Du es schaffst die 7 Zeitpunkte mit einer Uhrzeit zu füllen.

1. Zeitpunkt: _____

2. Zeitpunkt: _____

3. Zeitpunkt: _____

4. Zeitpunkt: _____

5. Zeitpunkt: _____

6. Zeitpunkt: _____

7. Zeitpunkt: _____

Wie ging es Dir dabei, den Vers mehrmals zu lesen? Hast Du heute was besonders mit dem Herrn erlebt?

_____

_____

_____

Tag 51
Psalm 57,1-6

Dem Chorleiter. Nach der Melodie "Verdirb nicht!". Ein Gedicht von David, als er vor Saul in die Höhle floh.
Sei mir gnädig Gott, / schenk mir dein Erbarmen, / denn ich flüchte mich zu dir! / Im Schatten deiner Flügel berge ich mich, / bis das Verderben vorbei ist.
Ich rufe zu Gott, dem Höchsten, / zu Gott, der meine Sache führt.
Er sendet mir Hilfe vom Himmel, / auch wenn mein Verfolger höhnt. // Gott sendet seine Gnade und Wahrheit.
Mir ist, als wäre ich von Löwen umringt, / die gierig auf Menschenfleisch sind. / Ihre Zähne sind Spieße und Pfeile, / ihre Zunge ein geschliffenes Schwert.
Zeig deine Hoheit am Himmel, Gott, / deine Herrlichkeit über der Erde!

Trage die Uhrzeit ein, wann Du die Verse gelesen hast: Probiere ab jetzt, ob Du es schaffst die 7 Zeitpunkte mit einer Uhrzeit zu füllen.

1. Zeitpunkt: _____

2. Zeitpunkt: _____

3. Zeitpunkt: _____

4. Zeitpunkt: _____

5. Zeitpunkt: _____

6. Zeitpunkt: _____

7. Zeitpunkt: _____

Wie ging es Dir dabei, den Vers mehrmals zu lesen? Hast Du heute was besonders mit dem Herrn erlebt?

_____

_____

_____

Tag 52
Psalm 57,7-12

Meinen Füßen hatten sie ein Netz gelegt, / denn sie wollten mich beugen. / Sie hatten mir eine Grube gegraben / - und fielen selber hinein. // Gott, mein Herz ist fest gegründet. / Ich will dir singen und spielen.
Wach auf, meine Seele! / Harfe und Zither, wacht auf! / Ich will das Morgenrot wecken.
Ich will dich preisen, Herr, unter den Völkern, / dir vor den Nationen lobsingen.
Denn deine Güte reicht bis an den Himmel / und deine Wahrheit so weit die Wolken ziehn.
Zeig deine Hoheit am Himmel, Gott, / deine Herrlichkeit über der Erde!

Trage die Uhrzeit ein, wann Du die Verse gelesen hast: Probiere ab jetzt, ob Du es schaffst die 7 Zeitpunkte mit einer Uhrzeit zu füllen.

1. Zeitpunkt: _____

2. Zeitpunkt: _____

3. Zeitpunkt: _____

4. Zeitpunkt: _____

5. Zeitpunkt: _____

6. Zeitpunkt: _____

7. Zeitpunkt: _____

Wie ging es Dir dabei, den Vers mehrmals zu lesen? Hast Du heute was besonders mit dem Herrn erlebt?

_____

_____

_____

Tag 53
Psalm 59,1-6

Dem Chorleiter. Nach der Melodie "Verdirb nicht!". Ein Gedicht von David, als Saul sein Haus umstellen ließ, um ihn zu töten.
Entreiß mich meinen Feinden, mein Gott! / Schütze mich vor meinen Gegnern!
Befreie mich von böswilligen Menschen! / Rette mich, sie dürsten nach meinem Blut!
Schau doch! Sie wollen mir ans Leben, / Starke greifen mich an. / Es ist nicht mein Vergehen, nicht meine Schuld, Jahwe.
Ohne Schuld meinerseits stürmen sie vor und stellen sich auf. / Wach auf, komm mir entgegen und sieh!
Jahwe, du allmächtiger Gott, Israels Gott! / Werde wach und rechne mit den Völkern ab! / Hab kein Erbarmen mit diesen Verbrechern! //

Trage die Uhrzeit ein, wann Du die Verse gelesen hast: Probiere ab jetzt, ob Du es schaffst die 7 Zeitpunkte mit einer Uhrzeit zu füllen.

1. Zeitpunkt: _____

2. Zeitpunkt:_____

3. Zeitpunkt:_____

4. Zeitpunkt:_____

5. Zeitpunkt:_____

6. Zeitpunkt:_____

7. Zeitpunkt:_____

Wie ging es Dir dabei, den Vers mehrmals zu lesen? Hast Du heute was besonders mit dem Herrn erlebt?

_____

_____

_____

Tag 54
Psalm 59,7-12

Jeden Abend kommen sie zurück, / heulen wie Hunde, umkreisen die Stadt.
Geifer spritzt aus ihrem Maul. / Jedes ihrer Worte ist wie ein Dolch! / Sie denken, dass es niemand hört.
Doch du, Jahwe, du lachst über sie; / du spottest über all diese Fremden.
Du bist stark, auf dich will ich achten! / Denn Gott ist mein sicherer Schutz.
Mein Gott - seine Güte kommt mir zuvor! / Gott lässt mich herabsehen auf meine Gegner.
Töte sie nicht, damit mein Volk es nicht vergisst! / Treib sie durch deine Macht umher; / stürze sie nieder, Herr, unser Schild!

Trage die Uhrzeit ein, wann Du die Verse gelesen hast: Probiere ab jetzt, ob Du es schaffst die 7 Zeitpunkte mit einer Uhrzeit zu füllen.

1. Zeitpunkt: _____

2. Zeitpunkt: _____

3. Zeitpunkt:_____

4. Zeitpunkt:_____

5. Zeitpunkt:_____

6. Zeitpunkt:_____

7. Zeitpunkt:_____

Wie ging es Dir dabei, den Vers mehrmals zu lesen? Hast Du heute was besonders mit dem Herrn erlebt?

_____

_____

_____

Tag 55
Psalm 59,13-18

Sünde ist jedes Wort aus ihrem Mund. / Sie
sollen sich im Hochmut verfangen! / Denn sie
fluchen und verbreiten nur Lügen.
Vernichte sie im Zorn! / Vernichte sie, dass
nichts von ihnen bleibt! / Dann wird man
wissen, dass Gott in Israel herrscht / und bis an
das Ende der Erde. //
Jeden Abend kommen sie zurück, / heulen wie
Hunde, umkreisen die Stadt.
Sie streunen umher, gierig nach Fraß. / Werden
sie nicht satt, dann knurren sie.
Doch ich will singen von deiner Macht, /
frühmorgens deine Güte rühmen! / Denn du bist
eine Burg für mich, / eine Zuflucht in Zeiten der
Not.
Dir, meine Stärke, spiel ich mein Lied! / Denn
Gott ist mein sicherer Schutz, / der Gott meiner
Liebe.

Trage die Uhrzeit ein, wann Du die Verse
gelesen hast: Probiere ab jetzt, ob Du es schaffst
die 7 Zeitpunkte mit einer Uhrzeit zu füllen.

1. Zeitpunkt: _____

2. Zeitpunkt: _____

3. Zeitpunkt: _____

4. Zeitpunkt: _____

5. Zeitpunkt: _____

6. Zeitpunkt: _____

7. Zeitpunkt: _____

Wie ging es Dir dabei, den Vers mehrmals zu lesen? Hast Du heute was besonders mit dem Herrn erlebt?

_____

_____

_____

Tag 56
Psalm 100,1-5

Ein Psalm für die Dankopferfeier. Jauchzet Jahwe alle Welt!
Dient Jahwe mit Freude! / Kommt mit Jubel zu ihm!
Erkennt es: Nur Jahwe ist Gott! / Er hat uns geschaffen, sein sind wir, / sein Volk und die Herde auf seiner Weide.
Geht durch die Tempeltore mit Dank, / kommt mit Lobgesang in seine Höfe. / Dankt ihm, preist seinen Namen!
Denn Jahwe ist gut; / ewig bleibt seine Gnade, / seine Treue für alle Generationen.

Trage die Uhrzeit ein, wann Du die Verse gelesen hast: Probiere ab jetzt, ob Du es schaffst die 7 Zeitpunkte mit einer Uhrzeit zu füllen.

1. Zeitpunkt: _____

2. Zeitpunkt: _____

3. Zeitpunkt: _____

4. Zeitpunkt:_____

5. Zeitpunkt:_____

6. Zeitpunkt:_____

7. Zeitpunkt:_____

Wie ging es Dir dabei, den Vers mehrmals zu
lesen? Hast Du heute was besonders mit dem
Herrn erlebt?

_____

_____

_____

Tag 57
Psalm 103,1-6

Von David. Auf, meine Seele, preise Jahwe, /
und alles in mir seinen heiligen Namen!
Auf, meine Seele, preise Jahwe, / und vergiss es
nie, was er für dich tat.
Er vergibt dir all deine Schuld. / Er ist es, der all
deine Krankheiten heilt,
der dein Leben vom Verderben erlöst, / dich mit
Liebe und Erbarmen bedeckt,
der mit Gutem dein Alter sättigt / und wie beim
Adler dein Jungsein wieder erschafft.
Jahwe greift ein mit heilvollem Tun, / und allen
Bedrückten schafft er ihr Recht.

Trage die Uhrzeit ein, wann Du die Verse
gelesen hast: Probiere ab jetzt, ob Du es schaffst
die 7 Zeitpunkte mit einer Uhrzeit zu füllen.

1. Zeitpunkt: _____

2. Zeitpunkt: _____

3. Zeitpunkt: _____

4. Zeitpunkt: _____

5. Zeitpunkt: _____

6. Zeitpunkt: _____

7. Zeitpunkt: _____

Wie ging es Dir dabei, den Vers mehrmals zu lesen? Hast Du heute was besonders mit dem Herrn erlebt?

_____

_____

_____

Tag 58
Psalm 103,7-12

Seine Pläne gab er Mose bekannt, / und Israel hat er die Taten gezeigt.
Jahwe ist barmherzig und mit Liebe erfüllt, / voll unendlicher Güte und großer Geduld.
Er klagt uns nicht in einem fort an, / die Vorwürfe trägt er uns nicht ewig nach.
Er straft uns nicht, wie wir es verdienten, / und unsere Untaten zahlt er nicht heim.
Denn so hoch der Himmel über der Erde steht, / so groß ist die Gnade für den, der Gott ehrt.
So weit wie der Osten vom Westen entfernt ist, / so weit schafft er unsere Schuld von uns weg.

Trage die Uhrzeit ein, wann Du die Verse gelesen hast: Probiere ab jetzt, ob Du es schaffst die 7 Zeitpunkte mit einer Uhrzeit zu füllen.

1. Zeitpunkt: _____

2. Zeitpunkt: _____

3. Zeitpunkt: _____

4. Zeitpunkt:_____

5. Zeitpunkt:_____

6. Zeitpunkt:_____

7. Zeitpunkt:_____

Wie ging es Dir dabei, den Vers mehrmals zu lesen? Hast Du heute was besonders mit dem Herrn erlebt?

_____

_____

_____

Tag 59
Psalm 103,13-17

Wie sich ein Vater über Kinder erbarmt, / so erbarmt sich Jahwe über den, der ihn ehrt.
Er weiß ja, was für Gebilde wir sind; / er vergisst es nicht: Wir bestehen aus Staub.
Das Leben des Menschen ist wie das Gras, / es blüht wie eine Blume im Feld.
Die Glut aus der Wüste fegt über sie hin. / Schon ist sie weg, hinterlässt keine Spur.
Doch die Güte Jahwes hat ewig Bestand, / sie gilt auf immer für den, der ihn ehrt; / ja selbst seinen Kindern, dem neuen Geschlecht,

Trage die Uhrzeit ein, wann Du die Verse gelesen hast: Probiere ab jetzt, ob Du es schaffst die 7 Zeitpunkte mit einer Uhrzeit zu füllen.

1. Zeitpunkt: _____

2. Zeitpunkt: _____

3. Zeitpunkt: _____

4. Zeitpunkt: _____

5. Zeitpunkt:_____

6. Zeitpunkt:_____

7. Zeitpunkt:_____

Wie ging es Dir dabei, den Vers mehrmals zu lesen? Hast Du heute was besonders mit dem Herrn erlebt?

_____

_____

_____

Tag 60
Psalm 103,18-22

wenn sie den Bund halten, / das Gebotene tun.
Im Himmel hat Jahwe seinen Thron aufgestellt /
und herrscht als der König über alles, was ist.
Auf, preist Jahwe, ihr Engel vor ihm, / ihr
mächtigen Wesen, die ihr tut, was er sagt, / und
gehorsam seine Befehle ausführt.
Ja, lobt Jahwe, ihr himmlischen Heere, / ihr
seine Diener, die tun, was er will.
Ihr Geschöpfe des Herrn: Auf, preist Jahwe, / wo
immer ihr lebt und er euch regiert! / Auch du,
meine Seele, auf, preise Jahwe!

Trage die Uhrzeit ein, wann Du die Verse
gelesen hast: Probiere ab jetzt, ob Du es schaffst
die 7 Zeitpunkte mit einer Uhrzeit zu füllen.

1. Zeitpunkt: _____

2. Zeitpunkt: _____

3. Zeitpunkt: _____

4. Zeitpunkt: _____

5. Zeitpunkt:_____

6. Zeitpunkt:_____

7. Zeitpunkt:_____

Wie ging es Dir dabei, den Vers mehrmals zu lesen? Hast Du heute was besonders mit dem Herrn erlebt?

_____

_____

_____

Ende des Buches

Jetzt sind die ersten 60 Tage vorbei. Wie ging es
Dir mit dem Buch? Hat sich Dein Glauben
verändert? Wenn ja, wie hat er sich verändert?

Gib es irgendetwas, was Du noch erwähnen
möchtest? Gedanken für die Zukunft ohne das
Buch?

_____

_____

_____

_____

_____

_____

Nachwort

Jetzt sind wir am Ende des Buches angelangt. Das heißt nicht, dass Dein Weg hier endet. Bitte mach weiter mit den Psalmen und lasse dich durch Gott führen und leiten. Es gibt noch sehr viele Psalme, die es nicht in diesem Buch geschafft haben. Mit dem längsten Psalm in der Bibel, den Psalm 119, kannst Du 30 Tage verbringen. Das ist die Hälfte dieses Buches. Bleib dran

Solltest Du Unterstützung benötigen, dann kannst Du dich gerne an mich wenden. Als Seelsorger nehme ich mir gerne Zeit für dich. Schreib mir einfach eine Mail an info@beratungspraxis-eching.de.

Ich würde mich auch über eine Mail mit Deinen Erfahrungen und Erlebnisse sehr freuen.

Gesegnete Grüße

Dein Andreas

Bücher die in Arbeit sind

- Proklamiere das Wort Gottes (Erscheinung voraussichtlich 4. Quartal 20 oder 1. Quartal 21)
- Die Leiche am Echinger See (Arbeitstitel, Erscheinung voraussichtlich 1. Quartal 21 oder 2. Quartal 21)
- Weitere Kurzgeschichten (Erscheinung laufend)